An Caisteal fon Mhuir

A short novel for Gaelic learners

Book 3 in the series *Learn Gaelic with Folk Tales*

by Jason Bond
illustrations by Tamara Magruder

An Caisteal fon Mhuir
A short novel for Gaelic learners

Second edition 2023

Author: Jason Bond
Editor: Kirstin Plante
Illustrations: Tamara Magruder
Design: Arcos Publishers

For the development of new and original writing in Scottish Gaelic,the author
was supported by a commission grant from The Gaelic Books Council.

Arcos Publishers
Molengouw 36
1151 CJ Broek in Waterland
The Netherlands
info@arcospublishers.com
www.arcospublishers.com

ISBN 9789490824761
BISAC LAN012000, FOR029000, FIC010000

Keywords: language learning, Gaelic, level 2, CERF A2, folk tale

Contents

Foreword

I am still a little surprised that there is now a sequel to *Ròna agus MacCodruim*.
To me, *Ròna* felt complete yet open-ended enough for a reader to imagine more.
I was preparing to write a completely different story until one of my students
recommended that I read *Scottish Wonder Tales from Myth and Legend* by Donald
A. MacKenzie. He thought it would be a source of interesting material for my story
videos.

One of the wonder tales seemed like a perfect continuation of *Ròna* and I started
writing my own version to see what would happen. The rough draft was finished
three evenings later. In the same way that *Ròna* was inspired by a traditional Scottish
folk tale, so too is this story.

To get the most out of this book, I recommend starting with *Ròna agus MacCodruim*
first. Once the story in *Ròna* is clear and comfortable to read, move on to this book,
and then *Deidre agus an Rìgh* afterward. Each story is designed to make the next one
easier to read. If *Deirde* is too tricky right now, try this story first.

I hope you enjoy reading *An Caisteal fon Mhuir*. It was tremendous fun to explore.
Maybe we'll see even more of Ròna and her family one day …

Anything is possible.

Jason Bond
Maine
Lùnastal 2023

An t-Iasgair

Bha duine a' fuireach ann an eilean beag. Bha an duine seo a' fuireach ann an taigh. Bha an taigh caran beag agus bha e faisg air a' chladach. Bha an duine a' fuireach faisg air a' mhuir, oir bha e na iasgair[1].

B' e Calum an t-ainm a bh' air an duine seo. Calum Mac Codruim.

Bha 'athair a' fuireach anns an taigh. Bha 'athair na iasgair cuideachd. Bha 'athair sean. Bha e na bhodach agus b' e Mac Codruim a bh' air[2]. Bha an dithis aca a' fuireach anns an taigh a bha faisg air a' mhuir.

A h-uile madainn, bhiodh Calum a' dol chun a' chladaich. Bha bàta aige an siud. Bàta beag luath gorm. Bhiodh e a' dol gu muir gach latha anns a' bhàta bheag luath ghorm. Latha an dèidh latha, bhiodh Calum ag iasgach. Nuair a bhiodh èisg aige[3], bhiodh e gan reic anns a' bhaile. Cha robh e beairteach. Cha robh idir!

Bha iasadan mòra aig Calum airson a' bhàta aige. Cha bhiodh airgead gu leòr aige airson connadh uaireannan agus bhiodh iad gun teine. Bhiodh an taigh fuar air na h-oidhcheannan sin.

---

1   bha e na iasgair = he was a fisherman
2   b' e Mac Codruim a bh' air = he was called Mac Codruim
3   nuair a bhiodh èisg aige = when he would have fish

Airgead

Bha Calum a' bruidhinn ri iasgair eile aon latha. "Tha plana agam," thuirt an duine eile.

"Dè 'm plana a tha agad?" thuirt Calum.

"Bidh mi beairteach!"

"O? Ciamar a bhios tu[4] beairteach, ma-thà?" thuirt Calum. "Dè 'm plana a tha agad?"

"Uill, bidh mi nam iasgair[5] agus bidh mi nam shealgair cuideachd."

"Sealgair?"

"Seadh. Bidh mi a' sealg nan ròn. Gheibh mi mòran airgid, gheibh mi bàta ùr, agus bidh mi a' pàigheadh a h-uile iasad a th' agam!"

An oidhche sin, bha Calum agus 'athair ri taobh an teine aig an taigh. Bha Calum a' còcaireachd na dinneir. Bha 'athair a' coimhead air a' mhuir tron uinneag. Chunnaic Calum sin agus rinn e osna. Nuair a bha e òg, bhiodh 'athair a' seinn. Bhiodh e a' seinn gu tric. Bhiodh 'athair sona agus sunndach. Agus bhiodh a mhàthair aig an teine …

"Na smaoinich air sin," thuirt Calum ris fhèin. "Na bi gòrach. Na smaoinich air sin."

Co-dhiù, cha bhiodh 'athair a' seinn a-nis. Cha bhiodh 'athair sona

---

4   ciamar a bhios tu…? = how will you be…?
5   bidh mi nam iasgair = I will be a fisherman

no sunndach. Bhiodh e na shuidhe ri taobh an teine, a' coimhead air a' mhuir gach latha. Uaireannan, bhiodh e a' bruidhinn ris fhèin. Uaireannan, bhiodh e ag ràdh 'Ròna' no 'an còta'.

An còta donn a bha anns a' phreasa ri taobh an dorais ... a' snàmh còmhla ri mo mhàthair agus Eilidh ...

"Na dèan e!" thuirt Calum ris fhèin. "Na smaoinich air sin!"

Choimhead e air 'athair; am bodach brònach, sàmhach ri taobh an teine.

"Athair," thuirt Calum. "Chuala mi rudeigin inntinneach an-diugh."

Choimhead 'athair air gu slaodach.

"Bha iasgair eile a' bruidhinn air airgead. Tha plana aige a bhith beairteach."

"Airgead?" thuirt Mac Codruim.

"Seadh, mòran airgid," thuirt Calum. "Bidh e na iasgair agus na shealgair cuideachd. Bidh e a' sealg agus a' faighinn mòran airgid."

Cha tuirt athair Chaluim càil.

"Bha mi a' smaoineachadh air sealg, athair. 'S dòcha gum bi mise a' sealg nan ròn cuideachd."

"A' sealg nan ròn!" dh'èigh 'athair gu h-obann agus le fearg. "A' sealg nan RÒN!?!?"

"Athair ..."

"Chan fhiach e!" dh'èigh athair Chaluim. "O, chan fhiach e idir! Na dèan e, a Chaluim. Na dèan e, a mhic!"

Thòisich am bodach ri rànail.

Bha Calum troimh-a-chèile. Chan fhaca e 'athair a' rànail riamh.

Bhiodh 'athair sàmhach no brònach gu tric … ach a' rànail? Chan fhaca e 'athair cho troimh-a-chèile riamh.

Shuidh Calum ri a thaobh; am bodach brònach a bha a' rànail mu dheidhinn nan ròn.

Rudeigin Donn

Bha Calum a' tighinn chun a' chladaich aon fheasgar agus chunnaic e iasgair. An t-iasgair a bha a' bruidhinn air sealg. Nuair a bha Calum air a' chladach a-rithist, thàinig an t-iasgair eile chun a' bhàta.

"Feasgar math, a Chaluim. Ciamar a bha e an-diugh?"

"Aidh, ceart gu leòr. Fhuair mi fichead sgadan. Agus thu fhèin?"

"Fhuair mi trì air fhichead."

"Chan eil sin dona idir."

Chunnaic Calum gun robh rudeigin eile aig an duine[6]. Rudeigin donn. Rudeigin caran gleansach agus mìn.

"Dè tha sin?" thuirt e ris an iasgair eile. "Dè tha agad?"

"Fhuair mi bian no dhà cuideachd an-diugh."

"Bian no dhà?"

"Aidh, bha mi a' sealg nan ròn cuideachd. Bha iad air na creagan anns a' mhadainn."

A' sealg nan ròn. Gu h-obann, smaoinich Calum air 'athair ri taobh an teine. "Na dèan e, a Chaluim! Na dèan e, a mhic! Chan fhiach e!" thuirt am bodach an oidhche sin. Bha e cho troimh-a-chèile.

"A bheil thu ceart gu leòr, a Chaluim?" thuirt an t-iasgair eile,

---

6   gun robh rudeigin eile aig an duine = that the man had something else

a' coimhead air.

"Aidh, aidh; tha mi ceart gu leòr, tapadh leat."

Choimhead Calum air na bèin a-rithist.

"Am faigh thu mòran airson bhian mar sin?"

"O, aidh. Gheibh mi mòran airgid," thuirt an t-iasgair. "Ma gheibh mi bèin gach latha, bidh mi gun iasadan an dèidh dà mhìos. 'S dòcha gum bi bàta ùr agam an dèidh sin."

Gun iasadan, smaoinich Calum. *Gun iasadan an dèidh dà mhìos …*

An Taigh Fuar

Sin mar a bha e, mìos an dèidh mìos. Bha mòran airgid aig an iasgair eile a-nis. Phàigh e a h-uile iasad a bha aige . Bha bean aige cuideachd. Bha iad a' smaoineachadh air taigh ùr fhaighinn. Taigh ùr!

Bhiodh Calum ag èisteachd ris agus an uair sin, bhiodh e a' dol dhachaigh.

Bhiodh e a' dol dhachaigh gu taigh fuar uaireannan. Cha bhiodh airgead gu leòr aig Calum[7] airson connadh a h-uile seachdain. Mar sin, cha bhiodh teine aca uaireannan. Bha an geamhradh a' tighinn agus bha na h-oidhcheannan a' fàs fuar. Bha an taigh sean agus bhiodh e fuar gun teine.

Latha an dèidh latha, seachdain an dèidh seachdaine, bhiodh Calum a' dol a dh'iasgach agus uaireannan bhiodh iad gun teine air an oidhche. Bhiodh crith air 'athair[8] anns an t-seann taigh fhuar air na h-oidhcheannan sin.

Chan eil seo ceart, bhiodh Calum a' smaoineachadh ris fhèin. *Chan eil seo ceart idir. Dè nì mi?*

---

7   cha bhiodh airgead gu leòr aig Calum = Calum wouldn't have enough money

8   bhiodh crith air 'athair = his father would shiver/shake

Sealg

Cha b' fhada gus an robh Calum[9] a' sealg nan ròn. Bhiodh e glè sgìth aig deireadh an latha. Thòisich e air a dhol dhan bhaile leis na bèin aige. Reic e còig bèin ri boireannach aig bùth aodaich. Bha i gan iarraidh airson aodach blàth a dhèanamh. Bha am boireannach a' dol a dhèanamh chòtaichean leis na bèin a fhuair i bho Chalum. Bha bian nan ròn glè, glè bhlàth agus bhiodh iad mìorbhaileach airson chòtaichean blàtha.

Co-dhiù, reic Calum iad, fhuair e an t-airgead, agus chaidh e gu bùth eile. Fhuair e connadh leis an airgead agus chaidh e dhachaigh. Bha an taigh cho blàth an oidhche sin agus cha robh crith air athair Chaluim idir. Bha biadh blàth agus taigh blàth aig an dithis aca. Abair faochadh!

Ceart gu leòr, smaoinich Calum. *Nì mi a-rithist e. 'S fhiach e, oir tha m' athair nas fheàrr agus nas blàithe.*

Bha beagan airgid fhathast aige bhon bhoireannach anns a' bhaile. Chuir e ann am bogsa ri taobh an teine e.

---

9   cha b' fhada gus an robh Calum = it wasn't long until Calum was

"Rudan Uabhasach"

Bhiodh Calum a' sealg a-rithist agus a-rithist agus a-rithist. Bhiodh e a' reic iomadh bian aig a' bhùth aodaich anns a' bhaile. Thòisich daoine ri bruidhinn air na còtaichean sin – na còtaichean a bha gleansach, mìn, agus cho blàth. Nuair a bhiodh e a' dol dhan bhaile, bhiodh daoine ag ràdh "O, sin Calum nan Ròn!"

Ach cha robh a h-uile duine anns a' bhaile toilichte leis na còtaichean.

Bha Calum anns a' bhaile air feasgar sgòthach agus bha e a' dol dhan bhùth aodaich le naoi bèin ri reic. Gu h-obann, dh'èigh cuideigin "Hoigh, a Chaluim! A Chaluim nan Ròn!"

Stad Calum. Bha boireannach air an t-sràid, a' coimhead air. Bha a falt cho donn ri cnòthan. Bha a sùilean gorm cuideachd.

Cho gorm ris a' mhuir ... mar a bha sùilean mo mhàthair.

Sguir dheth! smaoinich Calum ris fhèin. *Na smaoinich air sin!*

"Latha math dhuibh," thuirt e ris a' bhoireannach. "Dè thuirt sibh?"

Bha caileag còmhla ris a' bhoireannach. "A Mhum," thuirt a' chaileag rithe. "Dè tha aige? Dè tha na làimh?"

"Rudan uabhasach, m' eudail," thuirt am boireannach. Bha a sùilean brònach agus feargach aig an aon àm. "Chan eil sin ceart," thuirt i ri Calum. "Chan eil, idir!"

"Dè? Ach feumaidh mi airgead ..."

"Chì thusa airgead ach 's e fuil a chì mise," thuirt am boireannach le fearg mhòr.

Smaoinich Calum gun robh i glè neònach agus eagalach cuideachd. "F-f-feumaidh mi falbh," thuirt e.

Cò ise? Carson a tha fearg oirre?[10]

Chaidh e dhan bhùth aodaich gu luath agus reic e na bèin. Nuair a bha e a' fàgail a' bhùtha, thuirt cuideigin air an t-sràid, "A Chaluim! Hoigh, a Chaluim!"

Bha fearg a' tighinn air Calum a-nis. "Thuirt mise …" thòisich e.

Ach, chan fhaca e am boireannach no a' chaileag. Chunnaic e a phiuthar, Eilidh.

---

10 carson a tha fearg oirre? = why is she angry?

Eilidh

"Sin thu fhèin, Eilidh," thuirt Calum. "Feasgar math."

"Feasgar math dhut fhèin," ars Eilidh. "Ciamar a tha thu?"

"Eh, tha mi ceart gu leòr."

Chunnaic Eilidh gun robh e caran troimh-a-chèile. "Dè tha ceàrr, a Chaluim?" thuirt i.

"Am boireannach sin ..."

"Dè 'm boireannach?" thuirt Eilidh. "Cò?"

"Am boireannach ... le falt donn ... sùilean gorma ..."

"Chan eil mi a' faicinn boireannach mar sin," thuirt Eilidh, agus i a' coimhead suas agus sìos an t-sràid.

"A Chaluim, dè tha ceàrr?" thuirt i a-rithist.

"Chan eil càil," thuirt Calum rithe. "Ciamar a tha an latha agad?[11]"

"Tha e a' dol gu math, tapadh leat. Carson a tha thu anns a' bhaile?"

Bha Eilidh a' fuireach anns a' bhaile. Bha taigh aice an sin agus bha obair aice ann an taigh-seinnse.

"Tha mi dìreach a' reic rud no dhà," arsa Calum.

"Aidh, chuala mi mu dheidhinn nan còtaichean," thuirt Eilidh.

---

11 an latha agad = your day

"Bha mi ag iarraidh bruidhinn riut mu dheidhinn sin. Trobhad còmhla rium."

Aig an Taigh-Sheinnse

Chaidh iad dhan taigh-sheinnse far an robh Eilidh ag obair. Bha Calum toilichte a bhith na shuidhe. Thug Eilidh dha deoch.

"Ceart, ma-thà," thuirt i, a' coimhead air. "A-nise, dè fon ghrèin a tha ceàrr ort?[12]"

"Dè?"

"Bidh thu a' sealg nan ròn. Nan RÒN, a Chaluim! Tha sin cho uabhasach!"

"Chan eil e cho dona ri sin."

"O, nach eil?[13] Dè bhiodh Mum a' smaoineachadh? Dè bhiodh i a' smaoineachadh air sealg nan ròn agadsa?"

"Na can sin," thuirt Calum. Bha fearg a' tighinn air a-rithist. "Na can sin, Eilidh."

"A Chaluim ..."

"Èist rium, Eilidh. Tha mi coma. Tha mi gan sealg airson beagan airgid fhaighinn[14]. Chan eil fhios agad[15] cho fuar 's a tha an taigh[16] nuair a tha sinn gun teine."

"Chan eil sin math idir ach chan eil e ceart a bhith a' sealg nan ròn

---

12 ... a tha ceàrr ort? = ... is wrong with you?
13 o, nach eil? = oh, isn't it?
14 airson beagan airgid fhaighinn = to get a little money
15 chan eil fhios agad = you don't know
16 cho fuar 's a tha an taigh = how cold the house is

nas mò. Tha fhios agad cò a bh' ann am Mum.[17]"

"Ist! Chan eil sin fìor! Chan eil ann ach sgeulachd![18]" Bha Calum gu math troimh-a-chèile a-nis. "Chan eil mi ag iarraidh smaoineachadh air sin. Chan eil ann ach sgeulachd. Sgeulachd ghòrach!"

"A Chaluim ..."

"Nach eil fearg ort[19], Eilidh? Nach eil thu brònach? Dh'fhàg i ... carson a tha thu cho coma?"

"O, chan eil mi coma idir. Bha mi cho brònach agus bha fearg orm gu dearbh. Ach, dh'fhalbh i agus sin mar a bha e."

"Tha mi a' dol dhachaigh. Chì mi a-rithist thu, Eilidh."

Leis a sin, chaidh Calum dhachaigh, brònach agus feargach aig an aon àm[20].

Gnog air an Doras

An ath-sheachdain, bha Calum a' dèanamh deiseil airson a dhol[21] chun a' chladaich. Gu h-obann, thàinig gnog air an doras. Cò a bha ann[22] ach Eilidh, le baga na làimh.

"Madainn mhath dhut, a Chaluim."

"Madainn mhath, Eilidh. Thig a-steach."

Thàinig Eilidh dhan taigh. Bha a h-athair aig an uinneag, a' coimhead air a' mhuir mar a b' àbhaist[23]. "Madainn mhath, athair," ars Eilidh. "Ciamar a tha thu na làithean seo?"

Choimhead am bodach oirre gu slaodach. Chunnaic e a sùilean a bha cho gorm ris a' mhuir. Chunnaic e a falt a bha cho donn ri cnòthan. "R-Rò ...?" thòisich e.

'Seo Eilidh," thuirt Calum gu luath. "Tha Eilidh air tighinn, athair."

"Tha e gu dona na làithean seo," ars Calum ri Eilidh gu socair. "Cha bhi e a' dèanamh mòran. Bidh e na shuidhe aig an uinneag fad an latha uaireannan."

"Is bochd sin," thuirt i gu socair, a' coimhead air a h-athair. Bha am baga fhathast na làimh.

"Dè tha sin?" thuirt Calum, a' coimhead air a' bhaga. "Dè th' anns a' bhaga?"

---

21 a' dèanamh deiseil airson a dhol = getting ready to go
22 cò bha ann = who was there
23 mar a b' àbhaist = as usual (past tense)

"O, seo rudeigin dhut," thuirt Eilidh, a' toirt dha e.

Dh'fhosgail Calum am baga. Bha airgead ann. "Airgead?" ars Calum. "Carson a tha thu a' toirt dhomh airgead?"

"Uill, tha mi ag iarraidh an dithis agaibh a bhith blàth agus cofhurtail. Tha gu leòr agam bhon a bhith ag obair[24] aig an taigh-sheinnse air a' mhìos seo."

Thàinig faochadh air Calum. Thàinig fearg air cuideachd. A' faighinn airgead bho a phiuthar a-nis? An robh e cho dona ri sin?

"Tapadh leat," thuirt e. "Ach chan eil mi ag iarraidh an airgid seo."

"A Chaluim!" Thàinig fearg air Eilidh a-nis cuideachd. "Na bi gòrach! Gabh an t-airgead!"

"Cha ghabh mi e," thuirt Calum, a' toirt dhi a' bhaga. "Chan eil feum agam air airgead bhuat."

"O, nach eil?" thuirt Eilidh le sùilean feargach. "Seall air ar n-athair! Bidh e na shuidhe aig an uinneag a h-uile latha! Thig crith air anns an oidhche anns an t-seann taigh fhuar seo! Chan eil sin ceart, a Chaluim, agus tha fhios agad nach eil. Gabh an t-airgead agus faigh connadh!"

"Cha ghabh mi e."

"Dè nì thu, ma-thà?" ars Eilidh le osna.

"Bidh mi a' sealg a-rithist," fhreagair e. "Bidh mi a' sealg a h-uile latha."

Dh'fhàg Eilidh an taigh le deòir na sùilean.

An Litir

An ath-latha, fhuair Calum litir. Bha i mu dheidhinn nan iasadan aige[25]. Chaidh Calum dhan bhogsa a bha ri taobh an teine. Mar a b' àbhaist, bhiodh beagan airgid anns a' bhogsa. Airgead airson nan iasadan aige[26]. Mar a b' àbhaist, co-dhiù, ach cha robh càil ann an-diugh. Rinn Calum osna. Bha e a' càradh an taighe am mìos sin agus cha robh gu leòr aige airson nan iasadan aige.

Shuidh e aig a' bhòrd agus smaoinich e air an litir. Bha feum aige air bèin. Bha feum aige air mòran.

---

25 mu dheidhinn nan iasadan aige = about his loans
26 airson nan iasadan aige = for his loans

Ⴎearg

Bhon latha sin, bhiodh Calum anns a' bhàta fad an latha, a' sealg nan ròn le lìon agus sgian mhòr. Ròn agus ròn eile agus ròn eile. Bhiodh Calum cho feargach. Feargach ris fhèin. Feargach ri Eilidh. Feargach ri a mhàthair a dh'fhalbh nuair a bha e glè òg...

"Is beag orm iad!" dh'èigh Calum. Bha a làmhan agus am bàta dearg. "Is beag orm na ròin!"

Chunnaic e ròn sònraichte anns a' mhuir aon latha. Seann ròn liath. Bha e a' coimhead air Calum.

Bian eile, smaoinich e. *Sgoinneil!* Chuir Calum an sgian aige anns an t-seann ròn ach cha robh e marbh. Dh'fhalbh an seann ròn fon uisge a-rithist agus an sgian fhathast ann[27]. *Murt,* smaoinich Calum. *Falbh, ma-thà! Nan robh mi nam ròn[28], bhithinn a' falbh cuideachd!*

Thàinig Calum air ais dhan taigh le iomadh bian an latha sin. Reic e iad anns a' bhaile an ath-latha agus bha airgead gu leòr aige airson a h-uile càil am mìos sin: na h-iasadan, càradh an taighe, agus an connadh cuideachd. Abair faochadh! Cha robh e cho feargach a-nis. Dìreach uabhasach sgìth.

---

27 agus an sgian fhathast <u>ann</u> = with the knife still <u>in him</u>
28 nan robh mi nam ròn.= if I was a seal

Litir Eile

An ath-mhìos, thàinig litir eile dhan taigh. Bha i mu dheidhinn nan iasadan cuideachd. Bha beagan airgid anns a' bhogsa ri taobh an teine. Dìreach beagan.

Rinn Calum osna. Cha robh airgead gu leòr aige. Bha e a' càradh a' bhàta aige an t-seachdain sin agus mar sin, cha robh gu leòr aige airson na h-iasadan a phàigheadh[29].

Sguir na h-èisg de thighinn[30] cuideachd. Cha bhiodh iasg sam bith anns an lìon aige. Chan fhaca e ròn sam bith na bu mhò. Càit an robh na h-èisg? Càit an robh na ròin? An robh iad ann an àite eile a-nis?

Latha an dèidh latha, cha bhiodh bèin no èisg aig Calum. Cha bhiodh càil aige ri reic anns a' bhaile.

A h-uile oidhche, bhiodh e na shuidhe aig a' bhòrd, a' smaoineachadh air na h-iasadan, air na h-èisg, agus air na ròin. *Dè nì mi?* bhiodh e a' smaoineachadh ris fhèin. *Dè fon ghrèin a nì mi?*

---

29 airson na h·iasadan a phàigheadh = to pay the loans
30 sguir na h·èisg de thighinn = the fish stopped coming

An Duine Neònach

Thàinig gnog air an doras air oidhche stoirmeil. Bha duine neònach aig an doras agus cha do dh'aithnich Calum idir e.

"Tha mi a' sireadh sealgair sònraichte," ars an duine neònach. "Bu toil leam bruidhinn ri Calum nan Ròn."

"Mac Codruim," thuirt Calum ris an duine le fearg. "Is mise Calum Mac Codruim."

Is beag orm an t-ainm sin! smaoinich e ris fhèin.

"Uill, ma tha thu nad shealgair nan ròn[31], tha obair agam dhut," fhreagair an duine neònach a bha aig an doras.

"Thig a-steach, ma-thà," thuirt Calum ris.

Thàinig an duine neònach a-steach agus shuidh e ri taobh an teine. Bha athair Chaluim na chadal anns an leabaidh agus bha an taigh sàmhach.

"A bheil thu ag iarraidh càil?" ars Calum. "Deoch?"

"Gabhaidh mi uisge, tapadh leat," thuirt an duine neònach. "Uisge ann an cupa."

Dìreach uisge? Neònach.

Chuir Calum uisge ann an cupa agus thug e dhan duine e.

"Nise, bha thu a' bruidhinn air obair …?"

---

31 ma tha thu nad shealgair nan ròn = if you're a seal hunter

"Gu dearbh. Tha obair agam dhut," fhreagair an duine neònach. "Gheibh thu mòran airgid aiste."

"Is math sin," thuirt Calum. "Dè nì mi?"

"Chan eil ùine againn airson bruidhinn. Ma tha thu ag iarraidh na h-obrach[32], feumaidh sinn falbh anns a' bhad."

Thàinig amharas air Calum ach bha feum aige air an airgead airson nan iasadan aige.

"Ceart gu leòr," thuirt e ris an duine neònach. "Thèid mi còmhla riut."

Dh'fhàg iad an taigh. Bha i cho gaothach an oidhche sin. Bha e follaiseach gun robh stoirm mhòr a' tighinn. Dh'fhàg iad an taigh agus cha b' fhada gus an robh iad air creag àrd ri taobh na mara. Choimhead Calum sìos agus chunnaic e clachan mòra anns a' mhuir.

"Dè fon ghrèin? Carson a tha sinn …?"

Gu h-obann, thuit iad agus … plub! Bha iad anns a' mhuir.

Bruadar?

Chuala Calum guth. Bha cuideigin ann. "Dùisg, a Chaluim! Dùisg, 'ille![33]"

Dh'fhosgail Calum a shùilean agus chunnaic e taighean neònach le mòran uinneagan. Bha e ann am baile beag. Chunnaic e beanntan agus coilltean dathach. Chunnaic e rudan mòra, rudan beaga, rudan gleansach, agus rudan sleamhainn. Chan fhaca e duine sam bith ach bha na ròin ann. Bha e fon uisge - ann am baile nan ròn.

Choimhead Calum air a' bhaile, air na beanntan, air na coilltean, agus air na ròin fad mionaid. *Tha mi nam chadal,* smaoinich e gu h-obann. *Sin e! Tha mi nam chadal agus tha mi ann am bruadar. Abair faochadh!*

Chuala e an guth a-rithist. Choimhead Calum mun cuairt agus chunnaic e ròn beag ri a thaobh. "Dùisg, 'ille!" bha an ròn beag ag ràdh. "Dùisg! Chan eil ùine againn! Trobhad còmhla rium!"

Dè ...?

Thàinig iad gu sràid mhòr. Bha clachan beaga buidhe air gach taobh dhen t-sràid agus chaidh i gu caisteal glè mhòr air cnoc. Chunnaic Calum mòran uinneagan agus mòran dorsan anns a' chaisteal mhòr.

Bha ròin eile air an t-sràid. "Ogha an rìgh!" chuala Calum iad ag ràdh. "Tha ogha an rìgh air tighinn!"

---

33 "Dùisg, 'ille!" = "Wake up, boy/lad!"

"Ogha an rìgh? Cò tha sin?" thuirt Calum ris an ròn bheag a bha ri a thaobh. "Cò a th' anns an rìgh?"

Cha tuirt an ròn beag càil. Stad Calum gu h-obann. "Fuirich mionaid. Thuig mi iad," ars e. "Thuig mi na ròin sin. Bha iad … a' bruidhinn?"

"Bha," thuirt an ròn beag. "Bidh sinn a' bruidhinn ma tha thu ag èisteachd, 'ille."

Cha b' fhada gus an robh iad aig a' chaisteal mhòr air a' chnoc. Thàinig iad chun an dorais mhòir. "Tha an obair agad anns an taigh seo," thuirt an ròn beag. "Siuthad, a Chaluim!"

An Seann Ròn

Chaidh iad tron chaisteal mhòr. Chunnaic iad rudan mìorbhaileach ach bha an caisteal mòr sàmhach cuideachd. Bha fhios aig Calum[35] gun robh sin neònach. Mar a b' àbhaist, bhiodh an caisteal mòr beothail. Bhiodh seinn ann.

Ach, ciamar a bha fhios aige[36] air sin? Cha do dh'aithnich Calum an caisteal idir. Cha robh e riamh ann[37].

Chunnaic iad ròin eile anns a' chaisteal agus thuirt iad an aon rud: "Ogha an rìgh!" no "Tha ogha an rìgh air tighinn!"

Tha am bruadar seo neònach, smaoinich Calum. *Glè neònach.*

Thàinig iad gu doras dùinte agus stad iad.

"Seo seòmar an rìgh," thuirt an ròn beag. "Siuthad, a Chaluim."

"Nach bi thu a' tighinn còmhla rium?"

"Cha bhi," ars an ròn le fiamh-ghàire. "'S e d' obair a th' anns an t-seòmar sin. Siuthad, 'ille. Bidh thu ceart gu leòr."

Chaidh Calum tron doras agus thàinig e gu seòmar mòr a bha caran dorcha. Seòmar an rìgh. Chunnaic e seann ròn liath air leabaidh àrd.

Bha boireannach na suidhe faisg air an t-seann ròn liath. Choimhead i air Calum agus rinn i fiamh-ghàire.

---

35 bha fhios aig Calum = Calum knew
36 ciamar a bha fhios aige? = how did he know?
37 cha robh e riamh ann = he had never been there before

Bha a sùilean cho gorm ris a' mhuir …

Bha a falt cho donn ri cnòthan …

A mhàthair.

Ròna.

An Rìgh

Cha tuirt Calum càil fad mionaid. *Chan eil i ann,* smaoinich e. *Chan eil an caisteal seo fìor. Tha mi nam chadal. Chan eil ann ach bruadar neònach.*

"Trobhad an seo, a Chaluim," thuirt Ròna. "Trobhad, m' eudail."

Cha do dh'fhàg Calum an doras. *Cha tèid mi an siud,* smaoinich e. *Cha tèid idir! Chan eil ann ach bruadar. Seann ròn liath air leabaidh ann an caisteal fon mhuir? Na bi gòrach, a Chaluim!*

Bha Ròna a' bruidhinn gu socair ris an t-seann ròn liath air an leabaidh agus chunnaic Calum rudeigin gleansach. Pìos meatailte?

Sgian. An sgian aige airson sealg nan ròn. Bha i anns an t-seann ròn agus bha a shùilean dùinte.

"A bheil e … marbh?" ars Calum.

"Chan eil, ach cha bhi e fada beò," fhreagair Ròna gu brònach.

"Tha mi coma," thuirt Calum. "Ròn marbh eile." Thòisich e ri falbh.

"Stad, a Chaluim," thuirt Ròna. "Feumaidh sinn do chuideachadh."

"Mo chuideachadh? Dè nì mi?"

"Seo an sgian agadsa[37]. Feumaidh tu a toirt às[38] an rìgh."

---

37 seo an sgian agadsa = this is *your* knife
38 <u>a</u> toirt às = take <u>it</u> out of

"An rìgh? Dè 'n rìgh? Chan eil ann ach seann ròn."

"Seo Rìgh nan Ròn, m' eudail," thuirt Ròna.

Rìgh nan Ròn... smaoinich Calum air sgeulachd a bhiodh a mhàthair ag innse nuair a bha e òg. *Rìgh nan Ròn agus Mara, an nighean aige ... an taigh le mòran uinneagan ... na ròin a' bruidhinn agus a' seinn ... ach cha robh ann ach sgeulachd!*

"Rìgh nan Ròn?" ars Calum. "An rìgh a bha anns an sgeulachd? Na bi gòrach. Abair bruadar neònach!"

"Chan e bruadar a th' ann[39]. Tha thusa ann an taigh an rìgh."

"Chan eil mi."

"Tha thu agus feumaidh tu an sgian a thoirt às, m' eudail," thuirt Ròna ris. "Feumaidh sinn do chuideachadh."

"Cha dèan mi e," fhreagair e.

"Carson, a Chaluim?"

"Is beag orm na ròin!" Thàinig fearg mhòr air Calum a-nis. Smaoinich e air na ròin a mharbh e airson airgead. Smaoinich e air 'athair, am bodach anns an taigh fhuar, agus air na h-iasadan aige. Smaoinich e air na bliadhnaichean a bha e gun mhàthair.

"Is beag orm na ròin!" dh'èigh e. "Agus is beag orm thusa cuideachd!"

Call agus Fearg

Bha Ròna sàmhach fad mionaid. Choimhead i air a mac le sùilean brònach. Chunnaic i cho troimh-a-chèile 's a bha e. Cho brònach agus cho feargach 's a bha e.

"Tha fearg ort …" thòisich i.

"Dùin do ghob!" fhreagair Calum. "Chan eil thu a' tuigsinn càil!"

"Innis dhomh, ma-thà."

"Chan eil mi ag iarraidh bruidhinn riut," ars esan. "Chan eil mi ag iarraidh càil bhuat. Chan eil càil! Cha toil leam am bruadar seo!"

"Ceart gu leòr. Bruidhnidh mise riutsa, ma-thà," fhreagair Ròna. "Tha fearg ort. Tha mi a' tuigsinn fearg."

"Chan eil thu …"

"O, tha mi a' tuigsinn fearg glè, glè mhath, a mhic. Bha fearg mhòr, mhòr ormsa fad bhliadhnaichean. Chì mi fearg mar sin ort[40]."

"Dùin do ghob! Chan eil thu a' tuigsinn càil. Cha robh thusa ann - dh'fhalbh thu!" dh'èigh e. "Dh'fhàg thu mise, dh'fhàg thu Eilidh, dh'fhàg thu a h-uile duine! Chan eil thu gam thuigsinn!"

"Tha thu glè cheart, a Chaluim. Cha robh mi ann. Dh'fhalbh mi … ach tha mi a' tuigsinn call cuideachd."

Dè? Call? smaoinich Calum. *Dè chaill i?*

---

40 chì mi fearg mar sin ort = I can see anger like that in you

"Chaill mi mòran air an latha sin bliadhnaichean air ais," ars Ròna. "Agus chaill mi mòran a-rithist."

Dè fon ghrèin a chaill i?

"Chaill mi mo phàrantan, mo bhràthair 's mo phiuthar," thuirt Ròna. "Chaill mi mo dhachaigh 's mo bheatha fon mhuir. Bha fearg mhòr, mhòr orm agus bha mi cho brònach cuideachd."

Bha Calum ag èisteachd.

"Chaill mi mo bheatha fon mhuir," ars Ròna. "Agus an dèidh sin, chaill mi mo dhachaigh, mo theaghlach, agus mo bheatha air tìr cuideachd. Chaill mi dà theaghlach, dà bheatha, dà dhachaigh. O, a mhic, tha mi a' tuigsinn call glè, glè mhath. Call is fearg is bròn."

Smaoinich Calum air sin fad mionaid. Bha fearg glè mhòr fhathast air[41] agus bha e fhathast brònach. Ach, bha i ceart. Chaill ise mòran cuideachd. Chaill an dithis aca teaghlach 's dachaigh. Bha an aon fhearg agus an aon bhròn[42] air an dithis aca.

"Ach, tha thu nam cridhe, a Chaluim," ars Ròna, a' tighinn faisg. "Tha Eilidh agus d' athair cuideachd. Smaoinich mi oirbh a h-uile latha. Cha do chaill mi sibh idir, oir tha sibh nam chridhe. Fon mhuir no air tìr, bidh sibh còmhla rium gu bràth."

Chuir Ròna rudeigin na làimh. Clach bheag ghorm a bha gleansach, mìn, is caran blàth. Bha a' chlach neònach agus cofhurtail aig an aon àm.

"Seo clach nan ròn," thuirt a mhàthair. "Ma bhios i agad[43], cha bhi mi fada bhuat."

Choimhead Calum air a' chlach bheag ghleansach. Cha robh an fhearg no am bròn cho làidir a-nis. Bha deòir na shùilean. Bha

---

41 bha fearg glè mhòr fhathast air = he was still very angry
42 an aon fhearg agus an aon bhròn = the same anger and the same sadness
43 ma bhios i agad = if you have it

deòir ann an sùilean Ròna cuideachd. An dèidh mionaid no dhà, bhruidhinn i a-rithist.

"Tha teaghlach agad an seo, m' eudail, agus feumaidh sinn do chuideachadh. Feumaidh an rìgh do chuideachadh. Cha bhi e fada beò."

"O aidh; an sgian."

Chaidh Calum chun an t-seann ròin anns an leabaidh agus chuir e a làmh air an sgian.

Rinn Ròna fiamh-ghàire.

Aoigh

Thàinig na h-èisg air ais an ath-latha agus bha an lìon aig Calum làn. Agus làn a-rithist. Agus làn a-rithist. Fhuair e barrachd na fhuair e riamh[44]. Agus barrachd an ath-latha. Barrachd an latha an dèidh sin cuideachd.

Bhon latha sin, bhiodh am bàta aige làn èisg a h-uile latha. "Fhuair mi cuideachadh bho mo theaghlach," bhiodh e ag ràdh nuair a bhiodh e gan reic anns a' bhaile.

Sguir e dhen t-sealg[45] cuideachd. "Chan fhiach e," thuirt e ris na h-iasgairean eile. "Gheibh sinn barrachd airgid às na h-èisg."

Agus beag air bheag, sguir na h-iasgairean eile dhen t-sealg cuideachd.

Phàigh Calum a h-uile iasad a bha aige. Bhiodh an taigh blàth agus cofhurtail a h-uile oidhche agus cha robh iad riamh gun teine. Abair faochadh!

Thòisich Eilidh ri thighinn dhan taigh a h-uile seachdain cuideachd. Bhiodh ise, Calum, agus Mac Codruim a' gabhail na dinneir còmhla.

Uaireannan, bhiodh aoigh eile a' tighinn dhan taigh.

Aoigh le falt cho donn ri cnòthan agus sùilean cho gorm ris a' mhuir.

---

44 barrachd na fhuair e riamh = more than he ever got
45 sguir e dhen t·sealg = he stopped hunting

Chan fhaca Calum 'athair[46] cho toilichte riamh.

Chan fhaca Mac Codruim a mhac[47] cho toilichte riamh na bu mhò.

---

46 chan fhaca Calum 'athair = Calum had never seen his father
47 chan fhaca Mac Codruim a mhac = MacCodruim had never seen his son

Faclair Gàidhlig is Beurla

Gaelic – English glossary

The words in this glossary appear as they are in the
book. Only the relevant translations are given.

Italics show emphasis. Underlines clarify parts of the phrase.

Please note: the glossary is organised so that beginning learners of Gaelic (who
are not yet familiar with the orthography and rules of the Gaelic language)
will be able to find words easily. This may cause words to appear in a
different place than they would in a regular Gaelic dictionary or word list.

Examples are given only when the use of the translation of the
head word in a given sentence might cause confusion.

A

a – her
  a falt – her hair
  a mac – her son
  a sùilean – her eyes

a – his
  a làmh - his hand
  a mhac – his son
  a mhàthair – his mother
  a phiuthar – his sister
  ri a thaobh – by his side

a – that
  a bha – that was
  a bha aige – that he had
  's e fuil a chì mise – it's blood
that I see
  a dh'fhalbh – that/who left
  a mharbh e – that he killed

a – to
  a bhith – to be
  a dhèanamh – to make
  a dh'iasgach – to fish
  a dhol – to go

a phàigheadh – to pay
a thoirt às – (to) take out

abair – what a

a bheil …? – is/are …?

a' bruidhinn – speaking; talking

a' càradh – fixing, mending

aca – they have; their; them
  air an dithis aca – on both of
them
  an dithis aca – the two of them
  bha … aca – they had
  bha … aig an dithis aca – the
two of them had …
  cha bhiodh … aca – they
wouldn't have …

ach – but
  chan eil ann ach …
– that's only …

a' còcaireachd – cooking

a' coimhead – watching,
looking
  a' coimhead air – looking at him
  a' coimhead suas agus sìos
– looking up and down

a' dèanamh – making, doing

  a' dèanamh deiseil – getting ready

  a' dèanamh mòran – doing a lot

a' dol – going

  a' dol a dhèanamh – going to make

  a' dol gu math – going well

a dhol: a' dol – going

airson a dhòl – (in order) to go

a' fàgail – leaving

a' faicinn – seeing

a' fàs – growing, becoming

a' fuireach – living, staying

a' gabhail – taking; having

  a' gabhail na dinneir – having dinner

agad – you have; your

  chan eil fhios agad – you don't know

  dè 'm ... a th' agad? – what ... do you have?

  dè tha agad? – what do you have?

  tha fhios agad – you know

agadsa – your

  an obair agadsa – *your* work

againn – we have

agam – I have; my

  chan eil feum agam – I don't need...

  a th' agam – <u>that</u> I have

ag èisteachd – listening

ag iarraidh – wanting

ag iasgach – fishing

ag innse – telling

ag obair – working

  bhon a bhith ag obair – from working

ag ràdh – saying

  bhiodh e ag ràdh – he would say

a h-uile – every

  a h-uile càil – everything

  a h-uile duine – everyone

  a h-uile iasad agam – all my loans

aice – she has

  bha ... aice – she had

aidh – aye

aig – at

  aig an aon àm – at the same time

  an ... aig Calum – Calum's ...

aige – he has; his

  bha ... aige – he had

  bha feum aige – he needed

  ciamar a bha fhios aige? – how did he know?

  de tha aige? – what does he have?

  mu dheidhinn nan ... aige – about his ...

  nuair a bhiodh èisg aige – when he would have fish

ainm – name

  an t-ainm – the name

air – about

  a' bruidhinn air ... – speaking about ...

air – on; at; on him/at him

  a' coimhead air – looking at him

air an dithis aca – on the both of them

choimhead Calum air … – Calum looked at…

fhathast air – still on him

thig crith air – he will shiver / shake

air ais – back; ago

air ais dhan taigh – back to the house

bliadhnaichean air ais – years ago

thàinig na h-èisg air ais – the fish came back

airgead – money

an airgead – the money

an t-airgead – the money

airgid – of money

ag iarraidh an airgid seo – wanting this money

mòran airgid – a lot of money

mòran airgid aiste – lots of money from it

beagan airgid – a little money

airson – for; in order to

airson … a dhèanamh – in order to make …

airson a dhòl – (in order) to go

airson … a phàigheadh – (in order) to pay…

airson … fhaighinn – in order to get …

air tighinn – has come

aiste – from it

mòran airgid aiste – lots of money from it

àite – place

am – the

am mìos sin – that month

am faigh …? – will … get?

am faigh thu …? – will you get …?

àm – time

aig an aon àm – at the same time

amharas – suspicion

…, a mhic – …, son

a mhum, … – mum(my), …

an – the

an … agadsa – your …

an … aig Calum – Calum's …

an fhearg – (the) anger

an dèidh – after

an dèidh sin – after that

latha an dèidh latha – day after day

an-diugh – today

a-nis(e) – now

an seo – here

an siud – over there, yonder

an t- – the

an uair sin – then

ann – in it; there

bha na ròin ann – there were seals

bha airgead ann – there was money in it

bhiodh seinn ann – there would be singing

ann am – in (a)

ann am baile beag – in a small town

ann am baile nan ròn – in the town of the seals

ann an – in (a)

anns – in the
  anns an t-seann taigh seo – in this old house

anns a' bhad – immediately

aodach – clothes

aodaich: aodach – clothes

aoigh – a guest

aon – one; same
  aig an aon àm – at the same time
  aon fheasgar – one afternoon / evening
  an aon rud – the same thing

a' pàigheadh – paying

ar – our
  ar n-athair - our father

a' rànail – crying, sobbing

àrd – tall, high

a' reic – selling

a-rithist – again
  chì mi a-rithist thu – I'll see you again; bye

ars(a) – said

às – from the; out of the/it/him
  às na h-èisg – from the fish
  a toirt às – taking it out
  an sgian a thoirt às – (to) take the knife out

a' sealg – hunting

a' seinn – singing

a' sireadh – seeking

a' smaoineachadh – thinking

a' snàmh – swimming

a-steach – inside
  thig a-steach – come in

ath- – next

athair – father
  'athair – his father
  a h-athair – her father
  ar n-athair – our father
  athair Chaluim – Calum's father
  d' athair – your father

a' tighinn – coming
  bhiodh aoigh a' tighinn – a guest would come
  a' tighinn <u>air</u> – coming <u>on him</u>

a' toirt – giving
  a' toirt dha – giving to him

a' tuigsinn – understand

B

b' e – it was
  b' e Calum an t-ainm – Calum was the name
  b' e ... a bh' air – he was called ...

baga – bag
  am baga – the bag
  le baga – with a bag

baile – town

barrachd – more
  barrachd na – more than

bàta – boat

beag(a) – small
  is beag orm – I hate; I dislike
  beag air bheag – little by little

beagan – a little (bit)

beairteach – rich, wealthy

bean – wife

beanntan – mountains

beatha – life

bèin – pelts (animal skins)

beò – alive

  fada beò – alive for long

beothail – lively, noisy

bha – was; were

  a bha – that was

  bha cuideigin ann – someone was there

  bha na ròin ann – there were seals

  sin mar a bha e – that's how it was

bha … aice – she had …

bha … aige – he had …

  a bha aige – that he had

  bha … fhathast aige – he still had …

  bha feum aige – he needed

  ciamar a bha fhios aige? – how did he know?

bhaga: baga – bag

  anns a' bhaga – in the bag

bhaile: baile – town

  dhan bhaile – to the town

bhàta: bàta – boat

  anns a' bhàta – in the boat

bheag: beag – small, wee

bheatha: beatha – life

dà bheatha – two lives

bhiodh – would be

  bhiodh … aige – he would have …

  bhiodh aoigh a' tighinn – a guest would come

  nuair a bhiodh èisg aige – when he would have fish

bhios – will be

  ciamar a bhios tu …? – how will you be …?

  ma bhios i agad – if you have it

bhith: a bhith – to be

bhithinn – I would be

  bhithinn a' falbh – I would go / leave

bhlàth: blàth – warm

bhliadhnaichean: bliadhnaichean – years

bho – from

bhodach: bodach – old man

bhoireannach: boireannach – woman

bhon – from (the)

  bhon a bhith ag obair – from working

bhon – since

bhràthair: bràthair – brother

bhruidhinn – spoke; talk

bhuat – from you

bhùth(a): bùth – shop, store

biadh – food

bian – a pelt (animal skin); pelts

bidh – will be; will; do; can

bidh mi a' sealg nan ròn
– I will hunt the seals

bidh sinn a' bruidhinn
– we (can/will) talk

blàithe: nas blàithe – warmer

blàth(a) – warm

bliadhnaichean – years

bodach – old man

bogsa – box

ann am bogsa – in a box

anns a' bhogsa – in the box

boireannach – woman

am boireannach sin
– that woman

boireannach mar sin
– a woman like that

dè 'm boireannach?
– what woman?

ris a' bhoireannach
– to the woman

bòrd – table

aig a' bhòrd – at the table

bràthair – brother

bròn – sorrow

brònach – sad, sorrowful

bruadar – dream

bruidhinn – speaking/talking

thòisich daoine ri bruidhinn
– people started to talk

bruidhnidh – will speak

bu toil leam – I would like

buidhe – yellow

bùth – shop, store

bùth aodaich – clothes shop

dhan bhùth – to the shop

C

càil – anything

a h-uile càil – everything

càil bhuat – anything from you

cha bhiodh càil aige – he would
have nothing

chan eil càil – nothing

cha robh càil – nothing was

cha tuirt … càil – … said nothing

caileag – a young girl

caisteal – castle

cait? – where?

cait an robh? – where was?

call – loss

càradh ▸ a' càradh

caran – kind of, a bit

carson? – why?

ceàrr – wrong

ceart – right, correct

ceart gu leòr – fine; ok; good
enough

chan eil seo ceart – this isn't right

glè cheart – very right

cha b' fhada – it was not long

cha bhi – will not, does not

cha bhiodh – would not (be)

cha bhiodh càil aige – he
would have nothing

cha bhiodh … aig Calum –
Calum wouldn't have …

cha bhiodh teine aca – they
wouldn't have a fire

chadal: cadal – sleep

cha dèan – will not do/make

cha do … – did not …

cha ghabh – will not take

cha robh – was not; did not

  cha robh càil – nothing was

  cha robh thusa – you were not

cha robh … aige – he
did not have …

cha tèid – will not go

cha toil leam – I don't like

cha tuirt – didn't say

  cha tuirt … càil – … said
nothing

chaidh – went

chaileag: caileag – a young girl

  a' chaileag – the young girl

  thuirt a' chaileag rithe
– the wee girl said to her

chaill – lost

  cha do chaill – did not lose

  dè chaill i? – what did she lose?

chaisteal: caisteal – castle

Chaluim: Calum – Calum

chan e – it is not

  chan e bruadar a th' ann
– it's not a dream

chan eil – is not

  chan eil ùine againn – we don't
have time

  chan eil ann ach – it's only

  chan eil càil – nothing

  chan eil feum agam – I don't
need

  chan eil fhios agad – you don't
know

  chan eil idir! – not at all!

chan eil seo ceart – this isn't
right

  chan eil sin – that is not

chan eil … againn – we don't
have …

chan fhaca – did not see;
had not seen

chan fhiach e – it isn't worth it

chì – (can/ will) see

  's e fuil a chì mise – it's blood
that I see

  chì mi a-rithist thu – I'll see you
again; bye

chladach: cladach – shore

chladaich: cladach – shore

chnoc: cnoc – hill

cho – so; how; as

  cho brònach – so sad

  cho dona ri sin – as bad as that

  cho fuar 's a tha – how cold is

  cho gorm ris a' mhuir – as blue
as the sea

  cho … sa bha e – how … he/it
was

choimhead – watched; looked at

chòtaichean: còtaichean – coats

chridhe: cridhe – heart

chuala – heard

  chuala mi mu dheidhinn
– I heard about

chuideachadh: cuideachadh
– help

chuir – put

chun – to the

chunnaic – saw

ciamar? – how?

clach – stone; rock

clachan – stones; rocks

cladach – shore

cnoc – a hill

cnòthan – nuts

co-dhiù – anyway

cò – who

  cò a bha ann – who was there

  cò a bh' ann am Mum – who mum was

cò? – who?

  cò a th' anns …? – who is …?

  cò ise? – who is she?

  cò tha sin? – who is that?

còcaireachd ▸ a' còcaireachd

cofhurtail – comfortable

còig – five

coilltean – forests

coimhead ▸ a' coimhead

coma – indifferent, not bothered; uncaring

  tha mi coma – I don't care

  carson a tha thu cho coma? – why don't you care?

còmhla ri(s) – with (the)

  còmhla rium – with me

  còmhla riut – with you

connadh – firewood

còta – coat

còtaichean – coats

creag – rock; cliff

creagan – cliffs

cridhe – heart

crith – shake; shiver

  bhiodh crith air 'athair – his father would shiver

  thig crith air – he will shiver / shake

cuideachadh – help, assistance

cuideachd – also

cuideigin – someone

cupa – a cup

D

d': do – your

  d' obair – your work

dà – two

  mionaid no dhà – a minute or two

dachaigh – home

dathach – colorful

de – of

  sguir na h-èisg de thighinn – the fish stopped coming

dè? – what?

  dè fon ghrèin? – what on earth?

dèanamh ▸ a' dèanamh

dearg – red

deireadh – end

dè 'm? – which?; what?

  dè 'm boireannach? – which woman?

  dè 'm … a th' agad? – what's your..?

dè 'n? – which?; what?

deoch – a drink

deòir – tears

deiseil – ready
  a' dèanamh deiseil – getting ready

dh'èigh – shouted

dhen – of the
  sguir e dhen t-sealg – he stopped hunting

dh'fhàg – left
  cha do dh'fhàg – didn't leave

dh'fhalbh – left; departed
  a dh'fhalbh – who left

dh'fhosgail – opened

dha – to him
  a' toirt dha – giving to him

dhà: dà – two

dhachaigh: dachaigh – home

dhi – to her

dhan – to the
  thug e dhan duine e – he gave it to the man

dhol ▸ a' dhol

dhomh – to me
  innis dhomh – tell me

dhuibh – to you
  latha math dhuibh – good day to you

dhùisg – woke up

dhut – to/for you
  dhut fhèin – to yourself
  latha math dhut! – good day to you!
  dhut fhèin – to you yourself

dìreach – just; only
  dìreach beagan – just a little bit

tha mi dìreach … – I am just / only…

dithis – two people; both
  an dithis aca – the two of them; both of them
  an dithis agaibh – the two of you; both of you

do – your

dol ▸ a' dol

dona – bad
  cho dona ri – as bad as
  gu dona – badly, poorly

donn – brown

dorais: doras – door

doras – door

dorcha – dark

dorsan – doors

dùin! – close!
  dùin do ghob! – shut your mouth!

duine – man, person
  a h-uile duine – everyone
  duine sam bith – anyone at all

dùinte – closed

dùisg! – wake up!
  dùisg, 'ille! – wake up, lad!

E

e – he; it
  a mharbh e – that he killed

eagalach – scary

eil ▸ chan eil

eile – (an)other
  an duine eile – the other man

an t-iasgair eile – the other fisherman

iasgair eile – another fisherman

na h-iasgairean eile – the other fishermen

eilean – island

èisg – fish *(plural)*

na h-èisg – the fish

èist – listen

esan – he; him

ars esan – *he* said

eudail – dear, love

F

fad – for

fad an latha – all day long

fad bhliadhnaichean – for years

fad mionaid – for a minute

fada – far; long

fada beò – alive for long

fada bhuat – far from you

fàgail – leaving

a' fàgail – leaving

faicinn ▸ a' faicinn

faigh – get

faighinn – getting, receiving

faisg (air) – near; near it

a' tighinn faisg – coming close

falbh – go; depart; leave

a' falbh – going

falt – hair

faochadh – relief

far – where

far an robh – where was

fàs ▸ a' fàs

fearg – anger

nach eil fearg ort? – aren't you angry?

tha fearg ort – you are angry

feargach – angry

feasgar – afternoon, evening

feum – need; use

bha feum aige – he needed

chan eil feum agam – I don't need

feumaidh – need(s)

feumaidh mi falbh – I must go / leave

feumaidh sinn falbh – we must go / leave

fhaighinn: a' faighinn – getting, receiving

taigh ùr fhaighinn – getting a new house

fhalbh: falbh – go

a dh'fhalbh – to go

fhathast – still, yet

bha … fhathast aige – he still had …

fhearg: fearg – anger

fheàrr: nas fheàrr – better

fhèin – self

agus thu fhèin? – and yourself?

ris fhèin – to himself

sin thu fhèin – hello; hiya

fhichead – twenty

trì air fhichead – twenty three

fhios – knowledge; knowing

bha fhios aig Calum – Calum knew

chan eil fhios agad – you don't know

ciamar a bha fhios aige? – how did he know?

tha fhios agad – you know

fhreagair – answered; replied

fhuair – got; received

fhuar: fuar – cold

fiamh-ghàire – a smile
  rinn i fiamh-ghàire – she smiled

fichead – twenty

fìor – true; real

follaiseach – evident, obvious

fon – under the
  dè fon ghrèin? – what on earth?

fuar – cold
  a' fàs fuar – growing cold

fuil – blood
  's e fuil a chì mise – I see blood

fuireach ▸ a' fuireach

fuirich! – wait!

G

gabh – take

gabhaidh – will have; will take

gabhail ▸ a' gabhail

gach – every

gam thuigsinn – understanding me

gan – them
  gan iarraidh – wanting them
  gan reic – selling them

gan sealg – hunting them

gaothach – windy

geamhradh – winter

gheibh – will get

ghòrach: gòrach – silly, stupid, ridiculous

ghorm: gorm – blue

glè – very

gleansach – shiny; gleaming

gnog – a knock

gòrach – silly; stupid; ridiculous
  na bi gòrach! – don't be silly!

gorm – blue

gorma: gorm – blue

gu – to

gu bràth – forever

gu brònach – sadly

gu dearbh – indeed

gu dona – badly, poorly

gu h-obann – suddenly

gu leòr – enough
  cha robh gu leòr aige – he didn't have enough
  tha gu leòr agam – I have enough

gu luath – quickly, fast

gu math – quite; well
  a' dol gu math – going well
  gu math troimh-a-chèile – quite upset

gum bi … – that … will be
  gum bi … agam – that I will have …

's dòcha gum bi mi – maybe I will (be)

's dòcha gum bi … agam – maybe I will have …

gun – without

gun robh – that was

follaiseach gun robh … – obvious that … was

gun robh e – that he was

gus an robh … – until … was

gu slaodach – slowly

gu socair – quietly

guth – voice

gu tric – often

h

Hoigh! – Hey! Oi!

I

iad – they, them

iasad – loan

iasadan – loans

iasg – a fish

iasg sam bith – any fish at all

iasgach – fishing

ag iasgach – fishing

a' dol a dh'iasgach – going to fish

iasgair – a fisherman

an t-iasgair – the fisherman

idir – at all

chan eil idir! – not at all!

'ille – lad, boy

dùisg, 'ille! – wake up, lad!

innis – tell

inntinneach – interesting

iomadh – many

is – is

is beag orm – I hate; I dislike

is bochd sin – that's a shame/pity

is math sin – that's good

is mise Calum – I am Calum

ise – *she; her*

cò ise? – who is *she*?

ist! – shhh!; weesht!

L

làidir – strong

làithean – days

làimh – hand(s)

na làimh – in her/his hands

làmhan – hands

a làmhan – his hands

làn – full

latha – day

a h-uile latha – every day

aig deireadh an latha – at the end of the day

an ath-latha – the next day

an latha sin – that day

aon latha – one day

bhon latha sin – from that day on

fad an latha – all day long

latha math dhut! – good day to you!

latha math dhuibh! – good day to you!

le – with

leabaidh – bed

leis – with the

  leis na bèin aige – with his pelts

leis a sin… – with that…

leòr: gu leòr – enough

  cha robh gu leòr aige – he didn't have enough

tha gu leòr agam – I have enough

liath – grey colored

lìon – net

litir – a letter

luath – fast; quick

  gu luath – fast; quickly

m': mo – my

  m' athair – my father

  m' eudail – my dear, love

ma – if

  ma bhios … – if … will be

mac – son

madainn – morning

  madainn mhath dhut – good morning to you

mar – as; like

  mar a b' àbhaist – usually, as usual *(past)*

  sin mar a bha e – that's how it was

  mar sin – like that

  mar sin, … – so, …

mara: muir – sea

marbh – dead

math – good

  glè mhath – very good

  gu math – good; well

ma-thà – then

  ceart, ma-thà – right, then

màthair – mother

meatailte – of metal

  pìos meatailte – a piece of metal

mhac: mac – son

  a mhac – his son

mharbh – killed

  a mharbh e – that he killed

mhath: math – good

  madainn mhath dhut – good morning to you

mhàthair: màthair – mother

mhic: mac – son

  a mhic – …, son

mhìos: mìos – month

  an ath-mhìos – the next month

mhòr: mòr – big, large

mhòir: mòr – big, large

mhuir: muir – sea

mi – me; I

  nan robh mi… – If I was…

mìn – smooth

mionaid – a minute

mìorbhaileach – marvelous

mìos – month

  am mìos sin – that month

mise – *I; me*

  bruidhnidh mise riut – *I* will speak to you

's e fuil a chì mise – it's blood that I see

mo – my

mò: nas mò – (n)either

mòr(a) – big, large

mòran – much; a lot; many

  am faigh thu mòran …? – will/do you get a lot …?

  mòran airgid – lots of money

  mòran dorsan – many doors

mu dheidhinn – about

muir – sea

mun cuairt – around

murt – damnit

N

na – the

  na ròin – the seals

na – in her/his

  na bèin aige – his pelts

  na làimh – in her/his hand

  na shuidhe – in his sitting

  na suidhe – in her sitting

na bi … ! – don't be … !

na bu mhò – (n)either

na can…! – don't say…!

na chadal – in his sleep

na dèan e! – don't do it!

na h- – the

  na h-èisg – the fish

  na h-iasadan – the loans

na mara – of the sea

na smaoinich (air …)! – don't think (about …)!

nach bi…? – won't ….be?

nach eil – is not

  tha fhios agad nach eil – you know it's not

nach eil? – isn't?

  nach eil fearg ort? – aren't you angry?

  nach eil thu brònach? – aren't you sad?

nam – in my

nan – (of) the

  bidh mi a' sealg nan ròn – I will hunt the seals

  clach nan ròn – seal stone

  sealgair nan ròn – seal hunter

  nan iasadan – (of) the loans

nan robh mi… – if I was…

naoi – nine

nas blàithe – warmer

nas fheàrr – better

nas mò – (n)either

neònach – strange, odd

nì – will do

  dè nì mi? – what will I do?

  nì mi a-rithist e – I will do it again

nighean – daughter, girl

nise – now

no – or

nuair – when

O

obair – work; a job

  ag obair – working

  bhon a bhith ag obair – from working

obrach – of the work

òg – young

ogha – grandchild

  ogha an rìgh – the king's grandchild

oidhche – night

  air an oidhche – at night

  an oidhche sin – that night

  anns an oidhche – in the night

oir – because

oirbh – on you; about you

  smaoinich mi oirbh – I thought about you

oirre – on her; at her

orm – on me

  is beag orm – I hate; I dislike

ormsa – on *me*

  bha fearg mhòr, mhòr ormsa – I was very, very angry

ort – on you

  dè tha ceàrr ort? – what's wrong with you?

  tha fearg ort – you are angry

osna – a sigh

  rinn e osna – he sighed

P

pàigheadh ▸ **a' pàigheadh**

phàigh – paid

phàrantan: pàrantan – parents

phiuthar: piuthar – sister

phreasa: preasa – cupboard

pìos – a piece

piuthar – sister

plana – a plan

plub! – splash!

preasa – cupboard

R

rànail – crying, sobbing

  a' rànail – crying, sobbing

  ri rànail – to cry

reic – sold

reic – selling

  a' reic – selling

  ri reic – to sell

ri – to

  ri bruidhinn – to speak; to talk

  ri falbh – to go; depart

  ri rànail – to cry

  ri reic – to sell

ri taobh – beside

riamh – ever

rìgh – king

rinn – made; did

  rinn e osna – he sighed

  rinn i fiamh-ghàire – she smiled

ris – to the; to him; with him

  cho gorm ris a' mhuir – as blue as the sea

  feargach ris fhèin – angry with himself

rithe – to her

rium – me; to me

riut – to you

  còmhla riut – with you

riutsa – to *you*

ròin: ròn – seal

  chun an t-seann ròin – to the old seal

ròin – seals

  bha na ròin ann – there were seals

  na ròin – the seals

  na ròin sin – those seals

  ròin eile – other seals

ròn – seal

rud – thing

rudan – things

rudeigin – something

S

sam bith – at all

sàmhach – silent, quiet

's dòcha – maybe

's e – it is

  's e fuil a chì mise – it's blood that I see

seachdain – week

  a h-uile seachdain – every week

  an ath-sheachdain – the next week

  an t-seachdain sin – that week

seadh – uh-huh; yep; yes

seall (air …)! – look (at …)!

sealg – hunting

a' sealg – hunting

t-sealg – hunting

sealgair – hunter

sean(n) – old

  anns an t-seann taigh – in the old house

seinn – singing

  a' seinn – singing

seinnse: taigh-seinnse – pub

seo – here; this

  ag iarraidh an airgid seo – wanting this money

  an seo – here

  na làithean seo – these days

  seo … – this is …

  trobhad an seo – come here

seòmar – room, chamber

  anns an t-seòmar sin – in that room

's fhiach e – it is worth it

sgadan – herring

sgeulachd – story

sgian – knife

sgìth – tired

sgoinneil – fantastic; brilliant; awesome

sgòthach – cloudy; overcast

sguir – stop

  sguir dheth! – stop it!

sguir – stopped

  sguir e dhen t-sealg – he stopped hunting

  sguir na h-èisg – the fish stopped

sheachdain: seachdain – week

shealgair: sealgair – hunter

sheinnse: taigh-sheinnse – pub

shuidh – sat

shuidhe: suidhe – sitting
  na shuidhe – in his sitting

sibh – you
  de thuirt sibh? – what did you say?

sin – that; those; there
  an dèidh sin – after that
  an latha sin – that day
  an sin – there
  an uair sin – then
  chan eil sin – that is not
  cho dona ri sin – as bad as that
  leis a sin – with that; and so
  mar sin – like that; therefore
  sin … – that is …
  sin e – that's it
  sin mar a bha e – that's how it was
  sin thu fhèin! – hello!; hiya!
  tha sin … – that is…

sinn – we; us

sìos – down
  sìos an t-sràid – down the street
  a' coimhead suas agus sìos – looking up and down

sireadh ▸ a' sireadh

siuthad! – go on!
  siuthad, 'ille – on you go, lad

sleamhainn – slippery

smaoinich – thought
  na smaoinich air sin! – don't think about that!

smaoineachadh ▸ a' smaoineachadh

snàmh ▸ a' snàmh

sona – happy

sònraichte – special; unique

sràid – street

stad – stopped

stoirm – a storm

stoirmeil – stormy

suas – up
  a' coimhead suas agus sìos – looking up and down

suidhe – sitting
  na suidhe – in her sitting

sùilean – eyes

sunndach – cheerful

T

taigh – house

taighean – houses

taigh-seinnse – pub

taigh-sheinnse: taigh-seinnse – pub

taobh – side
  ri taobh – beside

tapadh leat – thank you

teaghlach – family

teine – fire
  an teine – the fire

tha – is; am; are
  dè tha agad? – what do you have?
  tha … air tighinn – … has come
  tha fhios agad – you know

tha mi coma – I don't care; I'm not bothered

tha … agad – you have

dè 'm … a tha agad? – what … do you have?

dè tha agad? – what do you have?

tha … agam – I have …

tha … aige – he has …

dè tha aige? – what does he have?

thàinig – came

thaobh: taobh – side

ri a thaobh – by his side

theaghlach: teaghlach – family

thèid – will go

thig – will come; come

thig a-steach – come in

thig crith air – he will shiver/shake

thighinn: tighinn – coming

ri thighinn – to come

thòisich – started

thu – you

agus thu fhèin? – and yourself?

sin thu fhèin! – hello!; heya!

thug – gave

thug e dhan duine e – he gave it to the man

thug i dha – she gave to him

thuig – understood

thuirt – said

dè thuirt sibh? – what did you say?

thuit – fell

thusa – you

tighinn – coming

a' tighinn – coming

tha … air tighinn – … has come

tìr – land

air tìr – on land

toilichte – pleased, happy

toirt ▸ a' toirt

a toirt às – take it out

trì – three

trì air fhichead – twenty three

trì-deug – thirteen

trobhad! – come!

troimh-a-chèile – upset

tron – through the

t-sealg: sealg – hunting

t-sràid: sràid – street

tu: thu – you

tuigsinn ▸ a' tuigsinn

U

uabhasach – horrible, terrible, awful

uaireannan – sometimes

uill,… – well,…

ùine – time

chan eil ùine againn – we don't have time

uinneag – window

uinneagan – windows

uisge – water

ùr – new

About the author

Hailing from Maine, USA, Jason Bond was
drawn to the Celtic languages through
an interest in folklore. This road led to
Nova Scotia, where he studied both Celtic
Studies and Education at St. Francis Xavier
University. Jason has been teaching Gàidhlig
since 2010, in Scotland, Europe, North
America, and beyond. He is passionate about
sharing Gaelic culture through Gaelic, not
English.

Jason teaches Gaelic online at https://gaelicwithjason.thinkific.com/
Watch an impression of his classes at https://www.youtube.com/@GaelicwithJason

---

Taing

Mìle taing do Kirstin Plante agus Iain MacDhòmhnaill airson an cuideachaidh agus an
stiùireaidh. Mìle taing dhan a h-uile leughadair airson an comhairle agus am beachdan
air an sgeulachd mus do nochd i ann an clò: Tom Morrison, Jaëlle, David Sutton,
Ealasaid Chaimbeul, Joke Sette, Sky M Rivers, Randy Waugh, Annie Hallmark, Cory
Brown, Gordon Springford, Brìghde MacQueen, Ruiseart Bàrr, Mìcheal Ó Marcaigh,
Caroline Carmichael, Jarmila Doubravová, Fraoch Dobaidh, agus Seumas MacGrùdair.

Mìle taing do Thamara NicGrùdair airson nan dealbhan àlainn a rinn i airson an
leabhair seo. Abair caisteal!

Thanks

A thousand thanks to Kirstin Plante and Ian MacDonald for their assistance and
guidance. A thousand thanks to every test reader for their advice and their opinions
on the story before it was printed. A thousand thanks to Tamara for the lovely
illustrations that she made for this book. What a castle!

Arcos novels connect people to the world

People who acquire a new language learn more than just language skills. We also learn
to understand the lives and habits of another culture. We need stories to gain insight
into the countries where the language is spoken, and to understand and connect to
the people who live in those countries: stories about people in their own environment;
about travelers who visit the country or newcomers who are learning how to get
around; and stories about historical characters that you may encounter in street
names, movies, or books. All these stories enhance our understanding and empathy for
cultures that are different from our own.

Arcos novels connect people to people

Even in the simplest readers, the psychology of the characters is realistic and layered,
so that it is easy for the reader to connect to them and relate events and emotions
to their own lives and experiences. Arcos stories are mostly positive and light, using a
mild humor which allows for more serious topics to be treated while still maintaining
a positive feel. Furthermore, our novel collection embraces an inclusive approach,
offering positive role models from different cultures, genders, ages, and abilities.

Arcos novels connect people to the language

Reading stories in a new language not only creates connections between language
and daily life, culture, emotions, prior knowledge, and experience, but also enhances
language acquisition. For us to acquire new language, repeated exposure to words and
language structures is essential. That is why every single word that appears in Arcos
novels is repeated at least 4 times (and often more) in the course of the story. Readers
recognize these words with increasing ease with each encounter, thus creating space
in their minds to understand a greater variety of sentence structures. Even in beginner
level novels, readers comprehend more complex sentences when the words are easily
recognizable, helping them become more agile with the language as they read.